아름다움과 눈 맞추다

이 형 철 시집

도서출판 조은

▎시인의 말

실연기가 피어오르는 고향의 저녁처럼 내 마음은 연둣빛 푸르름이 꿈틀거리고 있었다. 시집 한권을 빨리 발간하여 모든 독자들에게 전하고 싶었지만, 그냥 대충 일회용처럼 활자화 되어 전달된다는 게 나에게는 너무도 심리적인 부담으로 작용했었다.

그건 책자 속에 심도 있는 작품을 뿌리 깊게 심어야 한다는 나의 지나친 강박관념, 그런 것들을 생각하다 보니 매번 시간은 지나가 버렸다.
이제는 마음속에 그 약속을 접어 두고 쉽게 책 한권 내야겠다는 생각을 가져 보았다.

많이 늦었지만 이제부터 시작이라고 생각을 하고 인생의 지도를 하나하나 이 책자에 그려 보고자 한다. 내 삶이 투명해질 때까지 말이다.

오랜 세월 동안 경기도 군포시에 거주하면서 수리산에 관한 내용과 자연에 관한 내용을 많이 담고자 한다. 그동안 향유했던 생각들을 두 팔로 하늘을 껴안고 두발로 땅을 걸으며 행복을 디자인해 보고자 한다. 산과 바다에 널려진 언어들을 살포시 돗자리에 깔아보고자 한다.
이번 첫시집을 계기로 시들지 않은 희망의 꽃들이 내 마음 속에서 샘물처럼 계속 솟아났으면 좋겠다.

끝으로 이 책자가 발간 되도록 마음속으로 지원을 보내준 많은 친구들, 선후배들, 기아자동차의 모든 임직원들과 출판사 대표 김예인 사장님에게도 감사함을 전한다.

2016년 5월 여왕의 계절에

저자 이형철

차 례

제2부 아름다움과 눈 맞추다

제3부 내 삶이 투명해질 때 까지

제4부 바다의 풍경

제5부 군포의 향기

제1부

사랑의 향기

자동차의 탄생

콘베어 벨트에 짜여진 생산 일정표
꽝~ 프레스기 소리와 함께
너의 운명은 결정된다.

금형 판에서 눌려지고
절삭기에 깎아지고 씻기어져
잔 부스러기는
다시 모아졌다가 다시 헹구어지고
몸체는 색상으로 묻어난 예술체로
몇 번이고 거듭나다가

2만개의 부품이 온몸에
띠를 두르면
너는 반짝반짝 문지러진 몸매로
새로운 상품(商品)에 이르르지
굴러간 바퀴가 무어랴

너 비록 한낱 말 못하는
네 바퀴에 불과 할지라도
高품질로 이어진 아픔이 거듭할 때
비로소 너의 질주는 아름답고 견고하다.

너는 자부를 가지라 했다.
너의 그 위대함 속에
진실로 주행하는 그 아름다움
그대는 생활의 이기(利器)이며
절대적 꽃잎이리라.

장미꽃의 절정

늦은 오후를 구워낸 석양이 누웠다
핑크빛 가슴이 뭉게 뭉게 올라와
몸체 향기 따라서
마음의 살을 섞었다

온몸의 물기는 아래로 밀어붙이고
빨갛게 익은 입술을 문지르자
선홍색 부끄러움이 하얗게 피었다.

나무로 옮겨가던 새 한 마리
말없이 화단에 내려와
긴 그림자 숨기고서
촉촉한 사랑까지 가슴에 담는다

꽃술에 향기가 배어난곳
원형의 미끄러운 물통에 물 흐르면
키 큰 잠자리는
좔좔 흐르는 물속에
꼬리를 밤세워 담근다.

※ KBS 근로자 문화예술제 수상작

실업과 희망사이

휴일이면 치열한 시간들
가을이 내려앉은 고궁의 지붕에
비둘기 무리들
눈부신 햇살을 껴안는다

눈에 들어오는
사무실 한 켠의 낡은 서류들
잠긴 거리에 시선을
묶어 두다보면

이대로 10년만 더
쉬지않고 달릴수 있다면
좋겠다는 간절함

매번 불안한 마음으로
이승과 저승을 드나 들었다
이제 빛바랜 시간들을 벗겨내고

막차를 기다리며 생각한다

쓰러지고 쓰러져도
다시 살아오는
봄을 생각한다

옷을 벗어본 사람이
부끄러움을 알 듯이
뼈속에 파고 들어오는 아픔은
내가 더 잘안다

아직도 나는
이마에 그리운 등불 하나를
걸어 두었다.

※ 전국 근로자 백일장대회 수상작

그 이름 자동차 한대

피곤한 어둠이 공장 모퉁이서 비틀거린다.
뿌옇게 시력잃은 수은등 하나
깜빡깜빡 졸고 있다.
가득가득 쌓이는 생산부품들
컨베어라인의 길고긴 자동차의 행렬들
어둠이 어깨를 억눌러도
굴하지 않고 스스로 이겨내는
근로(勤勞)의 혼(魂)

희망 잃어버린 친구보다 더
눈동자 빛나는 작업자의 얼굴은
단 내음으로 긴 호흡을 여민다.

눈꺼풀이 내려앉지만 달리는 신호에
푸른빛이 깜박이듯 뜨거운 물줄기가
머릿속을 뒤지며 흠뻑 졸리는 눈꺼풀에
샤워를 한다.

끝없이 외쳐대는 품질의 중요성
어느 가수의 노래처럼
“내 안의 그대” 품질도 내 안의 그대처럼
숙련된 나의 기능을 원망하랴

오늘도 작업 끝나는 음악 소리에
마음을 헹구고서 뭉클대는
제품하나 자동차 한대를 몰고간다.

창 틈으로 밀려오는 햇살사이
힘차게 날개짓하는 새 한마리
부르르 어둠을 털고 날아가는
그 마음은 새의 깃털처럼
가벼운 마음으로 퇴근한다.

※ 경기 노동문화 예술제 수상작

생산혁신을 디자인하다

우리가 하는 일은
정상인 것을 비정상으로 보는 것

땀으로 얼룩진 하루의 일과들
허우적거리는 시간 속에서
푸른 희망이 반짝 거리네요.

소쩍새 서럽게 울고
찬바람 몰려오는 새벽녘

사랑이 메말라하는 순간에도
샘물을 부으러 달려가는 것
생산혁신을 디자인 하는 날

초등학교 추억

맛있는 냄새를 풍기는 짜장면집,
담쟁이 넝쿨로 덮은 긴 담벼락집,
논에서 모내기하는 풍경.
하늘 밑에서 머리감는 포플러 나무들
그 뒤로는 검푸른 산맥이 누워있다.

냇가에 걸쳐진 시멘트 다리
그 아래는 족대로 고기 잡는 청년들,
그 옆에는 돌위에서 빨래하는 아줌마들,
호젓이 자전거를 타고 오시는 아버지

우리 동네 부잣집은 송씨 방앗간
드디어 그리운 초등학교가 보인다.
운동장엔 잡초만이 가득 피어 있고
미끄럼틀은 녹슬어 무너져 내렸다.

중학교 친구들

여자 선생님 예뻤다고
함부로 하지 말자
사랑하게 되니까

중학교 시절 좋았다고
마음대로 그리워하지 말자
조금 더 생각하게 되니까

여기 저기서 웃음이 쏟아질 때
너무 좋아하지는 말자
살다보면 외로울 때가 있으니까

사랑도, 칭찬도, 웃음도
무서워하지는 말자
서로의 마음만 사랑하면 되니까.

고교시절

고교시절
햇살을 열어보면
바람의 중간에서
아침 안개가 울고

남녀 짝꿍들
서있으면
풀잎처럼 쑥쑥 자라서
달빛처럼 웃을 것만 같다.

자연의 향기 스며드는 고교시절
이슬 같은 사랑으로
삶의 때를 닦아볼 것이다.

그 시절이
빙- 빙- 빙- 맴돈다.

대학시절 봉사활동

캠퍼스에서 시간을 엮고 있다
내 생의 징검다리를 풀어놓는다.
가끔씩 잊기도한 지난 일들
반짝거리는 젊음의 혈기 속에
RCY 써클활동

젊음과 낭만이 넘치던 시대
촘촘히 꿰어보고 엮어보면
후배와 한번의 만남이 그립다.

뽀얀 만남의 시절 탑으로 향기 뿌리면
선명한 커피의 색상도 피어난다
남을 돕고 봉사하는 생각
강의장 안에서 밖으로 튕겨 나간다.

결혼

한 남자가 하늘의 속을 파며 걷고 있다.
한 여자가 빗속의 길을 열며 걷고 있다.

한 청년이 바람을 깨우며 일어서고 있다.
한 소녀가 인개사이로 웃음 지으며 걷고 있다.

한 쌍의 연인은 하얀 이를 드러내며
푸드덕거리는 햇살을 입에 깨물고
웨딩마치를 하고서 지나간다.
바로 아들 결혼식

데이트

길이 팽팽한 도로를 밟는다.
흙 도로를 푹푹 밟아도
신발 밑에는 흙이 묻지 않는다.

눈썹과 부딪치는 이마
발목끼리 통하는 공기의 흐름사이에
충전된 전류가 흐르고

분홍빛 사랑 속에
포근하게 덮어버린 어둠
뚫고 지나가는 빛줄기
가스처럼 소중함이 묻어 나온다.

청춘의 아포리즘

자궁속 굴러 내려진 씨앗
차갑게 멍이 드는 소리에
바람은 밤새 몸속에 주먹질 해댔다.

구부러진 나무밑 니울대는 가랑비
그 사이에 이슬도 머금고
흥분된 가슴을 뒤로 보내면
느슨하게 열려진 희열 속에
사랑의 다리 마음대로 드나들었다.

한낮의 햇살은
새하얗게 쏟아져 내리며
그의 몸에 철썩 달라붙었다
만남이 불붙는 순간은
비린내 뜨거움 머금고
허벅지를 타고 오른다.

사랑의 바이러스

샘깊은 골짜기 속에 들어가 보면
한 무리의 악마가 숨어있다
수많은 알이 득실 득실
그들은 엉기고 붙어서 숨쉴 때마다
심장 속으로 속속 파고 들어섰다.
보이지 않은 쇠사슬로 목덜미를 꼭 죄어도
그들은 웃고만 있다.

액체 입자의 고약한 놈들
날렵하게 몸을 비비고 다가설 때
하얀 독가스를 폭포수처럼 품어주어도
그들은 비아냥거리며

펄펄 끓는 물을 넣어도
그들은 끄떡없이 살아있다.

군대의 인연

내무반 안에는 충성소리
가족처럼 번지는 자유시간
달빛처럼 고운 자태가
붉은 혈색소로 보였다.

모두가 힘들었던 시간
고참도 졸병도 취침 시간은
나이테 깊은 곳에 피어 있었다.

함성으로 걸러진 여문 잎 그 이름
박해식 김대봉 김상규 임동철
15대 연대 GOP
1사단의 함성소리 지금도 들려온다.

모든 친구들에게

50세가 지나면
눈이 침침해서
필요 없는 것은 안보아야 하고

60세가 지나면
머리 하얗게 되어도
얼굴만 알아볼수 있다면 되고

70세가 지나면
귀가 잘 안 들려도
중요한 말을 듣을수 있다면 되고

80세가 지나면
이가 빠지고 시려도
연한 음식만 먹으면 되고

90세가 지나면
걸음걸이가 부자연스러워도
조심스럽게 걸어가야해

하지만 100세가 지나면
정신이 깜박거리는 것은
모든걸 다 기억하지 말라는 것

이제는 120세 세상이야
온 세상 마음에 안 들어도
그건 나이탓 이라고 해야돼.

어머니의 사랑

푸른 정맥은 맥없이
풀어버린 어둠속
젖은몸 밭가랑이 호미속은

덜커덩 몰고가는
손수레의 아픈 소리에
긴 숨을 몰아쉰다.

어머니 손등에는
세 평의 붉은 고추밭이
멍석처럼 널려져 있다.

어머니의 사랑
끝까지 기억할께요.

법당에 가면

목조건물로 이어진 고즈넉함
연등 불빛이 주렁주렁
언젠가 등줄기 위에서 몇 번이고
번쩍번쩍 빛처럼 흘러내린 기운

장독대 주변에 회오리바람
소리 없이 몰려와 번뜩거린 불빛
대웅전 모퉁이에서
가윗날은 꽂히고

서랍에선 잠자던 낡은 사진기는
부처님의 이야기가 담겨져서
파노라마처럼 펼쳐진다.

흙속에는

흙속에 들어가
이상한 물체를 들여다보니
자꾸만 거꾸로 선 환영(幻影)하나가
바이러스를 타고오네

그것은 입자를 물고 번져와
사랑의 독버섯까지
서로 엉기어져 번지면
숫자까지 동반하여 또 하나 악마로
변하면 내 마음은 어쩌리

흙속은 이상한 세상이야.

주님의 말씀

달빛은 눈썹에 쌓이고
강물이 흐르던 그림자에는
예수님 환하게 웃고 계시네

가진 자와 못가진자의 싸움은
어제도 오늘도 그치지 않고
욕심은 유혹에서 다투고 있네

선과 악이 하늘과 땅처럼
갈라지고 모이고 또 몇 번씩
모이더니 결국은
하나님의 말씀으로 모든걸
원만하게 해결해주시네.

동료와 술 한 잔

햇살이 기울어 가는 저녁
앉다가 서다가 피돌기 멈칫하면 서고
헐떡대던 아랫배 꼬르륵 소리
간판 삐뚜름한 선술집
수북이 쌓여있는 술안주

다리 풀린 하루해가
뼈마디 통증 부추기는 시간

손 가방을 꼬옥쥐고서
동료들과 술자리
미소가 소주처럼 퍼질 때

귀에 익은 건배잔 소리
몽롱한 하루가 어느새 지나간다.

맛집에 가면

등뼈 휘어진 울타리숲
허르스름한 순두부집에
이른 저녁은 다 구워졌다.
일상에서 시작된 하루가
소리 없이 흘러가듯이
삶에 지쳐서 내려앉은 어깻죽지
그래도 푸른빛 쌓아두고서
하루가 다가기 전에

음식점 안에는
또 다른 푸르름이 피어올랐다.
오후 앞에 드러눕는 희망의 빛이
웃는 듯 걸어갈 때면
맛집에 화초는
오늘도 내 가슴속에서
푸르게 자라고 있었다.

별들과 커피 한 잔

커피 한 잔의 희미한 추억
그리움을 그리며
둔탁하게 튕겨져 나간다.

이사님, 상무님, 전무님
향긋한 커피 한 잔으로 아픔을 녹이고
또다시 마음 갈고 닦아본다

보석처럼 반짝이던 시간
그때의 기쁨을 껴안을 때까지
아픔을 잊어버리고

저마다 다른 모든 생각들
커피 한 잔으로 위로가 되겠지.

노사 화합

회색빛이 감도는
협상의 테이블

경영자와 노동자
숲사이 곡신은
무지개처럼 이어진다.

벗겨도 여린 속살
내가 양보하고
상대가 양보하니
보송한 솜털하나 떨군다.

동그란 커피 잔 속에
눈을 맞추면 그 속에
타결이란 글자가 보인다.

슬픈 추억

수원 팔달산* 핑크빛으로 열린 날
점술이 유명하여 찾아갔더니
하늘은 비를 뿌리고
누군가 사자의 발톱처럼
몸을 한순간에 휘감아버린 시간
어느 한순간에 음과 양의 전류가
스파크 되어 흘러내렸다.

눈을 떠보니 밤꽃 향기는
흘러나오지 않았고
연둣빛 사랑처럼 정전
그 옛날의 슬픈 추억
오늘도 카사노바 블랑코 안에서
맥주잔 위로 노래소리 내려앉는다.

* 팔달산 : 경기도 수원시에 위치한 산 이름

안전사고

술잔은 출렁거렸지만
밤톨 떨어지는 소리가 만종처럼 울리자
나는 그 손을 뿌리칠 수 없었다.
친구의 손가락은 폐차장 어느 구석에
퓨즈처럼 꽂혀 있을까
사고를 내고 도망간 자
이제 멱살을 잡아끌 기운도 없데
그해 가을은 지나가버렸고
이제는 수습할 시간도 지나버렸다

가지는 없고 옹이만 남은
앙상한 묘지의 나무들
누렇게 변색된 추억을 꺼내며
미소만 떠다니는 거리에서

막걸리 홍어집

깊은 바다를 횡단하는 시간
머리에 촘촘히 박혀있는 납작한 고기
오돌 오돌 씹히는 맛
톡하고 쏘는 분노한 가슴
알싸한 막걸리에
삼합(三合)으로 한입

내 마음도 삭히고
흑산도 아가씨의 노래도 듣고
실내 포장마차 낡은 백열등 아래
비린내를 뒤진다.

심해(深海)의 바다는
분노한 가슴을
바다 밑에 가두고 있다.

한복의 묘미

소매 끝에 모시 잎이 펄럭이면
보일 듯한 연꽃들 하나하나
손으로 비벼서 마름질
박아서 자르고 또 속내를 세어
살금살금 뒤축을 들고서
옷깃을 세운다

지느러미도 날개도 없는
선조들의 사랑
흐트러지지 않은 무궁화의 끈기
자근자근 밟아
새벽이슬에 걸어 두었다가
빳빳하게 다릴때면
실루엣 향기가 나부끼어
달무리의 꽃들도 피어 있으리라.

서로 사랑하고 있습니다

우리 만나는 동안에
서로 사랑하고 있습니다.

우리 여행하는 동안에
서로 사랑하고 있습니다.

우리 이웃하는 동안에
서로 사랑하고 있습니다.

우리 배려하는 동안에
서로 사랑하고 있습니다.

우리는 살아가는 동안에
서로 사랑하고 있습니다.

제2부

아름다움과 눈 맞추다

아름다움과 눈 맞추다

코발트 하늘 속에
해맑은 물빛의 미소가 보이면
자연의 웃음소리도
들리겠지요.

강가에서 성큼 자란 물이끼들
내 눈에 푸른 렌즈가 담긴 잎사귀처럼
겸손하게 흔들거리겠지요.

이 계곡 저 계곡
흐르는 바람소리
이제 아름다움과
눈 맞추면 모두가
아름답겠지요.

나의 고향길

나의 고향길
이슬 맺힌 소나무 숲아래
알알이 영롱한 모란꽃들

나의 고향길
동백나무 위에
참새들 역사를 되새기며
작은 혀를 씻고 있네

나의 고향길
그 넓은 세월의 한끝을
자박자박 밟고 싶어 하네

나의 고향길
청자의 우아한 자태가
천년의 별빛으로 흐르네.

고향 풍경

알갱이 싸락눈
해질녘 유리창은 열리고
갑자기 창밖으로 가늘어진 빛줄기

나뭇잎 창가에 달라붙는다
바람이 멈추다가 해가 기울자
연기가 피어오른다.

그을음을 자르는 아이들
싹둑 싹둑 가위로 그렇게 잘랐는데도
여전히 연기는 피어오른다.

연기 속에 사랑의 미로들
무표정하게 끌고 다닌다.

자연의 빛들

세상은 문득 낯설어졌고
바람은 나에게 이별 통지서를 보내왔다
희망이란 소소한 풀잎들 언제나 갈구했건만
새벽과 아침 사이 천둥이 요란했다
하늘이 갈라지듯
살인의 폭력성을 마구잡이로 두들겼다
목이 졸려도 깨어날 수 있는 희망의 푸른빛
폭우 속에서 엎드려 기도를 했다

구름 뒤에 숨어서 무작정 찌르지는 말라고 말했다
말랑 말랑한 힘이 언젠가는 활자로 돋아날 때
수직으로 올라가는 나무처럼
머리위에 환한 부챗살 햇빛 받으며

내 품안에서 자연의 빛들은
물 권총 처럼 뿜어져 나갈 것이다.

새벽 꿈

하늘과 맞닿는 어깨선이 보이면
대기는 투명하게 날을 세운다.
새벽마다 불어오는 어린 숲
숨결에도 깊은 잠은 오지 않았다.
몸속으로 길을 내고 싶었지만
오소소 일어서는 풍경들
서서히 텅 빈 하늘에는
한 조각의 구름만 흘러간다.

깊은 강물에는 푸른 이끼들
태양아래 개흙바닥
강물 뒤따라가면
바닷물이 모이고 들머리를 찾아 나선다.

문자의 세상

선생님은
빨리 빨리
등교 하라고 문자오고

엄마는 빨리 빨리
숙제하라고 문자오고

숙제 끝나면
친구는 빨리 빨리
게임 하자며
문자오고

선생님도 엄마도 친구도
모두가
문자의 세상

히말라야 여인

멀리서 보면 여성 이지만
가까이서 보면 붉은 상처다
더 깊은 산속으로 갈수록, 더 높은 고도로
올라갈수록 더 활개 치는 여인
처음에는 이제 막 피어나기 시작한 꽃이
살아있는 여신처럼 눈부시게 다가왔다
가까이서 보니 이 제막 꽃망울을 터지고
쭈글 쭈글한 꽃잎을 말아 올린 음부였다

한층 보드라워진 꽃잎을 펼치며 꽃눈 속에서 듣던
별빛 바람 소리가 날카롭게 찌른다는 것도 알았다
문득 숨 막힐 듯 높은 세상에
휘청 거리던 붉은 상처가
히말라야 모퉁이 마을을 밀어 올린다.

통일의 염원

북쪽으로 눈길을 돌리면
할머니 품같은 논밭
아픔의 이별에서
살아온 지금 이 시간까지
고향을 떠나온 할아버지의 깊은 주름

두 분의 머릿결 하얀 눈 내리고
마음에서는
흰 솜을 어루만지고 싶을텐데
꿈나라의 등불은
언제쯤 가슴에 안아볼 수 있을까

하늘과 바다와 땅이
예쁜 웃음으로 용서해줘야 할 텐데.

코스모스

키 크고 가냘픈 코스모스
오직 하나뿐인 나의 친구지요
살랑 살랑 불어오는 바람에
붉은 꽃 노란 꽃 흔들며 서있네

옛 생각에 그리워
도로변 나가면
그 흔들거림 속에 나도 묻히고
그 모습 닮아버리지요

옆에 가면 부끄러워 움츠릴 땐
내 가슴
코스모스가 웃어줄땐
나도 미소로 화답하지요.

산사(山寺)의 미소

山寺에 피어난
깨달음의 맑은 정적
물소리 바람소리 새소리
넓게 베푸는 온화한 미소

번뇌와 갈등이 밀려와도
이겨내는 힘은 어디서 나온 건가요?

오로지 멀리서 비춰주는
은은한 목탁소리 풍경소리
오래오래 들려주시니
알 수가 없네요.

경이로운 자비의 마음이
그지없이 신비스러울 뿐
깨달음의 미소가 피어있네요.

성당에 가면

성당 입구에
숨결어린 새 생명
하얀 꽃, 노란 꽃, 붉은 꽃
물기 머금은 수줍음 속에

하늘과 땅아래 사과나무들
성령을 모아 감싸는 힘
신비로움에
솟구치는 힘

경이로운 성모마리아 동상
그지없이 겸손한 몸체가 되고
어둠속에 살던 거리는
부름 받아 커나간 형제들

오늘도
주님의 수레바퀴가 흘러가네.

산이 좋아서

고즈넉한 바위에
낮잠을 자고서는
연해진 몸의 빛깔
햇빛을 먹고 자라서인지
하늘로 향하는 박제된 시간

검푸른 산맥은
역사의 뒤안길에 모이고
계절의 중간은
다시 한 번 하늘아래
푸르게 모였네

산이 좋으면
맑은 향기도 좋더라.

청계산과 광교산

광교산과 청계산이 감싸는 기운
그리운 사람들 얼굴 속에는
백운 호수가 투명하게 보인다

숲향기 넘치는
발자욱 깊은 곳에서는
인정 넘치는 이야기도 들린다.

청계산의 맑은 물줄기
광교산의 생기찬 야생화
마음을 윤이 나게 갈고닦아 보면
어머니와 아버지 같은
두 개의 몸체.

산새들의 아침

이슬 맺힌 산길 언덕에
향기로운 숲 내음
알알이 영롱한 작은 새소리

산 그림자 끌어다가
보름달 가슴에 피는 꽃
살포시 안개빛 안아본다.

새들의 그리움 까지 섞어
노랗게 물든 단풍
마구 구겨진
내 마음도 그 속에 넣어
다리미로 활짝 펴본다.

공원에서

온가족 휴일날
공원길 걷다보면
두근거리는 마음으로
내 마음 들여다본다.

자연의 향기를 받아서
자꾸만 걸어가는 가족들

맑게 머금은 햇살 사이로
웃음소리도 들어보고
바람도 만지작 거려본다.

도서관 옆길은 금빛 이슬방울
멀리서 들리는 음악소리
내 마음도 홀랑 비워버린다.

남도식당

풍경을 뽐내는 길로 오세요
사람이 모이는 길로 오세요
남도의 맛집 거리

시장길도 오세요
음식 맛이 좋은 맛집으로
병어찜 갈치찜 생선회

텁텁한 술 한잔에
발길을 돌리다보면
삼십가지 음식들
길게 들어오고 있네요.

*남도식당 : 전남 강진군 강진읍 소재지에 위치한 식당이름

봄소식

잔디밭 운동장에서
목련화 하얗게 웃던 날
개나리는 노랗게 달려와
봄바람 되어 날린다.

온천지 초록이 되어
소리 지르던 아이들
발걸음 빠르게 뛰어가면서
두볼 발그레하게 웃어본다.

친구의 집 근처
나뭇가지 마다 물오른 소리
우리 삶을 빛나게 하겠지

사랑해야 해

어디서 왔다가
어디로 가는지 인생의 순간은
살아가는 것들과 경험하는 것

절제의 가위질에서
가죽처럼 베어져 나간 살점들
이제는 턱수염에 날카로운 면도날을 대듯
희미해진 기억을 세워야해

아픔도 마음도
모두가 사라지고
오직 희망으로
우리가 만나는 동안
서로 사랑해야해.

There is but to love

Whether coming
or going
lifes moments and experiences
like flesh,
are cut and removed.
and now,
A bearded face on razor lay
These faint rememberances must be put on edge
Both ache and enmity seem to evaporate
by means of only hope
And in the time that we meet
There is but to love another.

* Translation by : Zachary Rosenstein
Ramiro Corona

요즘 친구들

수업이 끝나고
학교에 갔다오면
집에서 게임

오후늦게
학원가면서
핸드폰 게임

주말이면
친구들과 만나서
PC방 게임

아빠에게 혼줄 나고도
몰래 몰래
게임하는 아이들.

Recent Friends

Went to school,
It's after class,
at home,
GAME

It's afternoon
late night class,
on the way
cellphone,
GAME

On the weekend,
meeting friends,
computer room,
GAMES!

Ded disapproves
but still, secretly,
we play games.

* Translation by : Zachary Rosenstein
Ramiro Corona

제3부

내 삶이 투명해질 때 까지

내 삶이 투명해질 때 까지

강가 너머로 달려온 바람이련가. 빈 방안을 들쑤시고 지나가더니만 모퉁이에 끼어있는 마른 꽃도 그 바람결에 꿈틀거린다.

잘게 부순 외침이있던가. 몇 토막의 햇살을 거부하며 구겨진 푸른소리 반듯하게 일으켜 세우고 있었다. 아! 풀향기, 지금이런가 이마에 몇 줄의 강이 흐르고 있을 때 막다른 길가에서 벗어던진 웃음 한점, 서걱 이는 풀잎의 이마를 쓰다듬는다.

저 강가에 우뚝 솟은 햇살을 가늘게 썰어서 내 가슴에 담는다. 빛으로 타오르는 찡한 미소 하나 며칠째 아린마음 갉아 버리고 솟아오른 풀 향기로 온몸을 씻어버린다. 내 삶이 투명해 질 때 까지.

인고(忍苦)의 노래

바람이 알려준 슬픈빛 언어
여인의 치마에 안개꽃
앙상한 세월을 담그며
온종일 비탈진 언덕을 허기로 메고 있다.
아쉬움 달래며
굽이굽이 흐르던 강
몇 번이고
뒤척이며 잠들던 시간 속에
어쩌다가 봉긋이 매달린 사랑
매번 고통 속에서 지내다가
이제는 환하게 웃는다.

이제
별빛 하나 가슴에 달고서야
웃음의 노래 부른다.

벼랑 끝에서

화장대 유리에 상처가 보인다
유리는 더 이상 참을 수 없다며
한계점에서 소리 없이 금이 간다.
또 다른 베란다 유리벽
벼랑 끝에 와있는 시간
더 이상 갈 곳이 없다.

죽음의 한계선에서 견뎌야 하는 순간
누군가가 손을 잡아주지 않으면
극한점에서 찢어져야 한다
마음의 상처에 열을 올릴 때면
더 이상 찾아오지 않은
마음의 불꽃들
어둠 속에 엎드린
서늘한 바람을 찾아서.

배고픈 세상

실업자의 목소리가
창틀에서 자글자글
벌떼같이 들끓고 있다

수년 전부터 지하 방 한 켠에
허리 굽은 할아버지의 어깨에는
라면 박스가 가득 포개져 있다.

누군가가 말없이 현관문에
폐지를 가득 쌓아두자
할아버지의 추억들은
신문지에 문신처럼 박혀 있다

나는 어두운 바닥에서
고독을 키우는 법을 대놓고 배웠다.

안양에 가면

등산을 하고 싶다면
병목안에 찾아가
숲 향기를 마시고 싶다.

누군가를 만나고 싶다면
안양 1번가에서
커피 한잔을 나누고 싶다

세상 살아가는 이야기
듣고 싶다면
중앙시장 곱창 집에
소주잔을 기울이고 싶다

빼꼼하게 보이는 수리산 자락
삼림욕의 깊은 향기는
안양에서 군포까지 내려앉는다.

봄의 환희

몇 개의 바람이 문을 두드린다.
춘란의 두 개가 흔들렸으나
기척을 느끼지 못한 바람은
다시 뒤돌아 가버린다.

비안개 타고 놀며 그와 축제를 벌였던 추억
산비탈의 꽃무리도 보아야 할 텐데
모든 것을 버리고 돌아선 어둠속에서
드디어 발자국 소리를 만났다.

한 번도 걷지 않은 유채밭길
나의 추억은 또다시
봄의 소리로 익어간다.

교통사고

청소차에서 분명이 낯익은
해골이 하나 떨어졌다
버스는 그것도 모르고 쌩하게

치기 덜컥거리면
아이의 울음소리가 끊이지 않았다.
내 몸 안에서도 투명하고 낯선 불행들
자꾸만 환청(幻聽)처럼 들려오고 있을 때
떨어진 과자 봉지를 주우러 가는 아이와
날렵하게 달려간 택시와의 파노라마

아이의 과자는 축포처럼 공중분해 되고
택시는 어디선가 꿩이 독수리에게 피하듯
버스 전용차선으로 뛰어든 장면이다.

쉼표 하나

노란 그리움이 무지개처럼
벗겨도 여린 속살이다.
진동이 밀려오고
동백꽃이
보송한 솜털하나 떨군다.

손과 손을 둥글게
맞잡으면 수채화 속에
휘어진 세상이 보인다.

쉼표를 이어가는
가는 호흡들
떨리는 입술 위로
걸터앉은 빗방울 하나

光山 李氏에 대하여

이조시대 당파싸움으로
번쩍 번쩍 거린 적도 있었고
유리창 너머로 회오리바람이
불어온적도 있었다.
문덕면* 골짜기
캄캄한 공간에서 퍼덕이는
지친 호흡과 혈흔들
이제는 수 많은 후손들
어둠의 저편에서 푸른빛은
새싹처럼 돋아 나온다.

* 문덕면 : 전남 보성군에 위치한 면소재지 이름

선열들의 별빛처럼

구름낀 모양새가
금세라도 튀어 오를 듯 웅크린 날씨
살과 뼈
삭아 삭아
흙되어 풀되어 돋고
내 핏줄의 영혼 되어 서있다.
산새도 기러기도
날아가다가
피울음 떨구며

바로 그날이
홍안이 일그러져 주름이 무성한날.

복권 당첨

마음이 불 꺼진 날에는
어디든 가는 쪽으로 가고 싶었다
어쩔 수 없는 삶의 아픈 상처가
여기저기서 새어 나온다

갑자기 눈앞에서 어른 거릴때
살며시 덮이는 이불 같은 따뜻한 언어들
그것을 감싸안고 어디론가 끌고 간다.

어둠과 햇빛이 교차되며
형광등에 파란 불빛이 반짝 거렸다

별빛이 초롱초롱 열리는 날
바로 그날이 복권 당첨된 날.

여름의 일기

며칠 전 태풍이 지나가고
오늘 한낮은 뭉근하다
푸른 잎사귀들이 더위에 제 몸을 내어 주고
달아오르는 동안 아이와 팔베개하고 드러누웠다.
사그락 사그락 마르는 빨래,
바람이 휘저으며 노는 소리
어느새 아이는 엄마 가슴을 붙잡는다
몸이 뿌리로 박혀 꽃으로 환생할 곤충처럼
이제 부화를 기다리고 있는 것인가
아이는 놓쳐버린 꿈을
움켜쥐려 한번을 더 뒤척인다
땅속의 모든 벌레들이 돌아눕는 소리
땅의 껍질을 깨고 나오는 소리
옆집 아저씨가 쓰레기통 듣고 나가자
도둑 고양이가 도망친다.

인천공항의 친구

태평양 대서양
퀵서비스로 도착한 바람을 풀어본다.

매번 비행시간
느슨해진 시간 속에
푸른빛으로 갈구했던 바람
나 혼자만 안아보기에는 아까워
자연 속에서 빠져있으면
그대 안에서 고요하게 출렁거린다.

세계로 향하는 발걸음
푸른빛 바다가
공항안에서
하루종일 나를 붙잡는다.

희망이란

굶주린 솔개 따라서
허공을 맴돌다가
새벽이슬을 털고서 일어나
물고기가 춤을 출 때면
나도 덩달아 춤을 춘다.

물가의 햇살을 열어보면
호수가의 중간에서
아침의 안개가 울고

내가 산길 모퉁이에
서있으면
풀잎은 쑥쑥 자라서
나처럼 웃을 것만 같다.

하늘빛이 물들은 한낮에.

근로의 일기

앞으로도 몇 번이고 반복해서
껍질을 벗어야할 나무들
내 작업장에 베인 기름 냄새만큼이나
길게 이어지는 생명들
바찰음과 파열음 속에서
끊어지지 않고 땔감나무처럼 나뒹굴다가
젖은 햇살 속에서 웅크리고 있었다.

폭풍(暴風) 속에서도 그 아픔을 한올 한올
이어내고 또 이어내고
몇 번이고 거듭 속에서
내생의 매듭 중간에서 끝으로 가는 길에
시간을 닦아보고 또 닦아보고
숲으로 가는 마음처럼
자유롭게 이승과 저승을 드나들었다.

어머니의 머리염색

어두운 방안에서
신문지를 등에 업고서
염색약을 바르시는 굳은 입술

늙어버린 속마음도 검게 칠하면 좋을 텐데
희끗거리 머리카락만 빛으로 감추다니
또 하나를 보면 또 하나를 알듯이
그 머리카락도 하얗게 희어질 텐데

세상의 역경을 모두 짊어지시며
그렇게도 무거운 삶이기에
염색을 해야만 하는 세상

어머니에게 걸쳐진 신문지만큼이나
가벼운 삶을 살면 좋을 텐데.

박 변호사님

멀리서 희미한 추억
앨범 속에 흑백사진이
그리움을 그리며
둔탁하게 튕겨져 나간다.

군대시절 피어나는 그리움이지만
나는 마른기침 삭히며
냉커피 한잔으로 추억을 녹인다.
재생(再生)을 위해 한 번 더
마음 갈고 닦아본다.

전방부대에서
새벽을 밀어내는 그날에
술잔으로 부딪쳐 나오는 소리들
모두모아 다스려야지
변호하는 그 마음으로.

논산과 강경사이

훈련의 도시 논산
형님의 처가 동네 강경
맑은 소리가
아침의 안개처럼 빛난다.
넓은 들판
푸른 색상의 미소
호수가 모퉁이에 서있으면
모락모락
햇살 속에 피어난 풍경

젓갈냄새에 훈련 소리에
새소리까지 마음을 담그면
소리 없이 비켜가는 여운
충청도의 소리가
낮게 터져 나온다.

안전의 향기

작업장에 들어가서
이상한 나를 들여다본다.

자꾸만 거꾸로 비치는 그 모습
보랏빛 향기를 몰고서
맑게 머금은 맑은 햇살 사이로

뜰아래도 금빛 물방울
고요히 떨어지는 물소리가
아침을 일으켜 세우며
개울물 흘러가는 소리

물기 머금은 수줍음 속에
무사고를 피우는 꽃
안전의 향기가 좋더라.

기차여행

덜컹 덜컹 달리는 소리
실내 풍경은 다채롭다

문자를 보내는 사람
게임에 몰두한 사람
카톡의 사진을 보고서 껄껄껄 웃는 사람
노트북으로 글을 쓰면서 고뇌하는 모습

하늘 눈금과 땅의 눈금이
수평선을 오르락내리락
차창 밖에서 선명하게 그려진다.

멀리서 경적을 울리는 시간이면
하늘에 구멍이 뚫리고
가지러한 햇살도 철썩거린다.

통일의 노래

남쪽과 북녘하늘에
새벽별이 머물던 자리
별빛 반짝 거리는 금강산

60년이 넘게 주름진 창가에
혈육의 얼굴을 쳐다보면
질박한 선인(仙人)들의
웃음소리도 들린다.

척박한 이 땅에 혼을 뿌리던
민족의 발자국 소리가 들리던 날
이제는 제발
투박한 빛을 썰어서
남과 북이 하나가 되어야 하기에
순백의 혼(魂)을 엮으면
영원한 기쁨이어라.

한라산에서 백두산까지

백록담 회색빛 여운의 하늘은
화산재 기슭에서 침몰했는가 보다

백두산 천지 기슭에서
민족의 영험(靈驗)이 감도는
그 깊은밤
밤샘 인류의 사랑을 그리며
모세관 끝자락까지 맵게 그려졌나 보다

숭고한 꽃잎의 정겨움에도
흥분이 멈추지 않고
그렇게 긴 밤을 데리고 가나보다
한반도의 아름다움은 끝까지
잊지 말아야해.

판매하는 것

그대와 나 사이
유리알 같은 사랑도
소리 없이 익어가는날

판매하는 일이
한줄기 구름 조각이 되어
카메라의 셔터처럼 지나갈 때면
투명한 적막이 내 가슴에
빗물처럼 고여 있다.

고객을 만나는 날이면
오늘도 낙조 속에서
몇 번이고 매출실적 올리는 것
쉼표 하나 찍는다.

전철 안 스마트폰

하늘의 눈금과 땅의 눈금이
전철 안에서 선명하게 그려지면서
각자의 징검다리도 풀어놓는다.

가끔씩 잊기도한 지난 일들
올망졸망 걸려진 글자들 속에
반짝거리는 활자 움직임
예전의 구시대를 마구 흔들어 버린다

액정판 속에서는 들리는 음악소리
자꾸만 정류장은
멀어져만 간다.

휴가의 미학(美學)

하늘 끝자락 붙잡고
늙은 바람을 행군 오후면
짙게 물들어버린 초록 수채화

붉은 빰을 하고 있는 햇살은
아롱아롱 양떼구름 데리고 춤을 춘다.

나는 강가에서 은어떼 끌어 모아
자맥질 하는 시간
실연기 피어오르는 밭에서
잠자리 유영하는 삶을 그려보면

아직도 나는
긴 휴가의 시간을
붙잡고 있을 테야.

무재해 운동

만난 순간부터
어찌 즐거움뿐이랴
사랑하는 순간부터
어찌 행복함 뿐이랴

위험을 보는 순간은
안전사고가 보이는데

방심한 순간이면
즐거움과 행복감이
또 어디 있으랴.

제4부

바다의 풍경

강화도 황청포구

뻘을 머금은 흙빛바다
썰물이 밀려오는 날이면
햇빛에 반짝이는 물결
갯벌은 나름 입을 벌린다

비린내가 절여있는 포구에는
촘촘히 가두는 파도의 숨소리
횟집 언덕 너머로 걸어가는 안개여
밴댕이에 양념 켜켜이 쌓아놓은 회무침

남김없이 비워야하는 인삼막걸리
지금의 모든 자유는 바다에 풀어버린다
해가 살짝 넘어갈 무렵
황청포구*가 아름답다고 생각할 때 마다
해안가에는 천년어린 사랑이 피어난다.

*황청포구 : 인천광역시 강화군 내가면에 위치한 포구이름

서산 바닷가

새벽 해안가 모래사장에
달려 나온 매운바람
하얀 속살의 어리굴젓
어부의 배들은 둥근 빛을 흔든다.

밀려오는 서해바람
취객은 마음을 빼앗기고
잠자는 연인들 귀를 쫑긋거리며
바다처럼 조용히 누워있었다.

한낮에는 생선의 비늘처럼
반짝거렸던 서산 앞바다
어둠이 겹겹으로 포개진 시간

남녀의 눈빛은
어망을 들어 올리는 어부의 손처럼
길게 끌어 모으고 있었다.

바다의 전류

갯내음 엉킨 포구에서 부딪치는 해풍(海風)
헝클어진 비린내가 연인들의 콧속을
뒹굴며 가슴까지 발효 시킨다.
간간한 마음의 전류가 흐르고
그 불빛 속에는 연둣빛 사랑도 싹틔운다.

시간마다 부서지는 뱃고동 소리
어부는 졸음이 왔어도
혀를 날름거리며 손을 흔들 때면
어망에는 살가운 고기떼들

폐선박에 고여 있는 빗물사이
푸른빛이 녹아내릴 때면
허리 굽은 줄기에
전류가 흐른다.

횟집의 풍경

해안가 간판이 부서져서 내리는
횟집 골목길
잠시 바다바람 쉬어간 언덕에서
가로등불은 어둠을 삼키고

어둠은 해안선에 울타리를 만들고
잔잔한 갯내음은
젊은 취객을 모으며 빗질한다.

간간함이 환하게 뿜어 올려진 시간
달빛에 노여움 흐르고
식당 주방에는
광어의 울음소리가 파드닥 거린다.

소래포구

하늘을 열고 바다를 열고
차마 가고 싶었던 곳이다.
서해안 고속도로 지나면
뉘엄 뉘엄 해살이 쓰러지고
서해의 우렁찬 갯내음은
해초더미에 녹아 내린다

횟집에는 광어의 웃음소리
우럭도 광채를 뿜어내기 시작했다.

지친 하루를 끝내고 삼삼오오
모여드는 횟집에
싱싱한 회한접시를 올리며
넌지시 소주잔을 기울여 본다.

사람들은 정겨워하며 또 한잔이 오고가고
사는 것이 바람처럼 돌고 돌며

채우지 못한 빈 가슴에는
이슬방울이
하얗게 피었다.

*소래포구 : 인천광역시 남동구 논현동에 위치한 포구이름

청산도 미학(美學)

아침이면 풀어놓은 그물에
낮게 웅크린 수평선을 바라보며
마음의 이불을 덮어보고
한때는 거센 파도가 산등성이처럼
이리 몰고 저리 몰고
다도해를 끌고 다녀야 했던 시간들

공포는 바닷물속 깊이 가라앉혔다.
야생화가 피어있는 해안가 마을
海女들 얼굴에는 30볼트의 전류가
청산도* 라는 이름으로 느리게 출렁 거렸다.

*청산도 : 전남 완도에 위치한 섬이름

강진 바닷가 청자박물관

남도답사에서
흙으로 태어난 지 수백 년
매번 뜨거운 열기 속에서
울음을 끌어내고 토한 빛깔까지
생명줄 하나가 예술로 승화 되었구나.

유구한 역사를 꺼내어 보면
어린 시절 암흑에서 태어나
응달에서 말려진 뒤
뿌리 끝에 유약을 발라
입이큰 모양, 목이긴 모양
긴 세월이 흐르도록 끄떡없이
그렇게 자란 이유가 바로
전설이 피어난 역사였구나.

매번 익히고 다듬고
마디마디 죽어도 다시 살아나는

영혼의 고귀한 숨결들
남해안 끝자락에서 말없이
불똥위에 뉘여 놓고 신비를
토해내는 그 마력(魔力)까지
정자의 역사들 일궈 내는
그 마음도 찬란하구나.

*강진 청자박물관 : 전남 강진군 대구면에 위치한 지명이름

여수의 바다

짠 내음이 혓바늘처럼 돋는
남해바다에 분홍빛 비단을 깐다.
통통한 가을빛이
매끄럽게 번지는 오후
파도는 천막처럼 퍼덕일 때
은방울처럼 날리는 갈메기떼

먼빛으로 살아있는 수평선
따뜻한 마음으로
해안가 마을을 감싸다보면
내 마음 깊은 곳에서
누워있다

비바람에 끄떡없이 견디는
내 인생의 저문 바다
항구에서 나뒹구는
그녀의 바다

파도 횟집에서

– 1 –

바다 새들이 무리지어 오는날
사랑의 달빛이
새하얗게 쏟아져 내리고
소주잔은
파도 속에 철썩 달라붙었다

소리 없는 비린내가
굴러다닌다는 해안가는 쓸쓸하고
물개가 앉았다가 쉬어간 바위틈에는
조개의 붉은 햇살을 삼키고
잔잔한 갯내음은
횟집 간판에서 녹아 내렸다.

– 2 –

어둠이 뿜어 올려진 시간
횟집 안방에 간간한 바다가 흐르고

식당 주방에서는
낙지의 울음소리가 미끄덩거린다.

지친 밤빛을 끌고 들어오는
취객들의 발자국 속에
매운탕 한 그릇이 그려진다.

다정한 연인들은
넌지시 횟감 앞에서
소주잔을 부딪치자

깊은 바다는 둥글게 올려지고
비린내 뜨거움 머금다 보면
긴 그림자 쉼표하나 찍는다.

동해바다 수평선

동해 바다
생선 비늘처럼 반짝이는 푸른 구슬
가족과 함께 걷노라면
갈매기 두 쌍이
다정하게 날아가네.

먼빛으로 살아있는 작은 별
따뜻한 달빛은 옥구슬
내 마음 깊은 곳에서
꿈틀거리는 하얀 파도가
하나, 두울, 셋-,

오늘도 내 마음은
갈매기 되었다가
하얀 파도가 되었다가
수평선 위에서 춤을추네.

선착장의 일기

헝클어진 짠 내음으로 머리를 감으면
어부들의 마음까지 발효 시킨다

해안가 뱃고동 소리에
아픔의 전류가 흐르고
그 전류 속에 어부 마음도 불빛 밝힌다.

포근하게 덮어버린 갈매기 소리
파도 뚫고 지나가는 낚시꾼들의 잡음소리
밀려갔다가 다가오는 수초들의 너울거림
허리 굽은 해안가의 등줄기
이제는 비린내 사라지고
연한 줄기의 뜨거운 새싹이

연평도 해안마을

서해 끝자락에 파도가 춤출 때
길게 늘어진 수평선은
겹겹으로 포개져 있다.

비린내 풍기는 솔밭사이에서
어부의 검은 얼굴과
헝클어진 머리카락

부둣가는 여인의 카랑카랑한 목소리
눈먼 새들은 배들의 몸놀림을 피해
짝짓기를 나누며 탱탱한 몸매를
말리고 있었다.

잔잔한 해안가 마을 꽹과리 소리
깊은 바다를 끌고 들어오네.

바다와 눈 맞추다

오랜 설레임 끝에
해안가에 나가
고운 햇살을 만지작거렸다

정갈한 언어 속에
곱게 다듬어진 접시의 횟감
헝클어진 추억을 되새기면
소주잔도 파도처럼
출렁 거렸다.

순결토록 고운 장미꽃
꽃망울이 소주잔에 부딪치자
나의 두뺨은
볼그레한 노을처럼
내 가슴에 내려앉는다.

독도의 자존심

의지의 혼을 담아 지키라했던 섬
동해안의 콧대처럼 선바위
쟁쟁한 푸른 햇살과 구리처럼 흰 38선

새벽 바다에서 머뭇거리지 말고
한국인의 자존심을 지키는 섬

함부로 우러러본 생각 서슬 퍼렇지만
땅과 바다를 등에 업고서 민족의 그리움을
가슴에 끌어안고 있으라고 했다.

빛바랜 추억
외로워도 온 국민이 핥아주는 온정
저 미치광이 사람들이 유혹을 건네도
온 몸을 휘감는 마력의 섬.

속초항

유리알 비추는 바다
출렁거림 속에서도
고요하게 내려앉은
금빛 수평선
속초를 등지고
먼 바다로 나가면
푸른 바다가 누워있다.

파랗게 넘치는
바다의 살점들
수첩 속에 메모를 넘기다보면
바닷물이 어느 새
여인의 향기처럼
내 몸에 찰싹 달라붙는다.

대천에 가면

소금기가 절여있는 그곳에
젓갈통 너머로 걸어간 시간
구멍 난 소금가마니 깁는 아낙네
어깨위로 추억처럼 떨어지는 꿈
험난한 삶의 열차 바퀴처럼
간간한 바다가 녹슬었다

해수욕장의 모래밭
엷은 새싹으로
환치 시키는 나그네들
이제 포구 안에 모두 모였다.

세월호의 일기

바닷물이 건넨
슬픔빛 낙조

앙상한 세월 담그며
온종일 노란 치마폭 햇살에
서러움 노여움

단단하게 묶은 허리띠
봉긋이 매달린 안개꽃
눈이 시리도록 환하다

말라버린 눈물에
또다시 인고의 눈물
되새김질 하는 세상.

제5부

군포의 향기

수리산 연초록

수리산 푸른 언덕에
바람 불어 올 때면

골짜기에 펼쳐진 수채화 한폭
나무마다 반들거림의 감촉들
미소처럼 환하게 피었있네.

여름을 몰고 오는 풀 향기가
여기 저기에
해맑게 피어있네

매번 마르지 않은 연초록
시원한 한줄기 바람이 되어
꿈나무로 서있으니
더욱더 아름다워라.

책과 눈 맞추다

계절이 바뀌니
하늘이 높아지고
마음이 맑아진다.

해가 짧아지니
밤이 빨라지고
생각이 밝아진다.

가을이 찾아오니
이제 어둠은 깊어지고
세상이 어떻게 흘러간 지 알 것 같다.

책속에 빠져들다 보니
인간이 어디서 와서
어디로 가는지 잘 보인다.

책과 여름

여름이 오면
물가에 앉아서
책의 향기를 마시고 싶다.

여름이 오면
뭉게구름 사이로
책과 대화를 나누고 싶다.

여름이 오면
세숫대야에 물 담그며
책을 읽고 싶다.

여름이 오면
산속에 파묻혀
책과 싸우고 싶다.

책으로 이어진 세상

문화(文化)가 꽃피는 거리에
힘을 모으면
샛별은 둥둥 떠다니지요.

혼(魂)을 마음에 심으면
창의적인 사고가
굴러 들어오지요.

이 거리 저 거리에
책 읽는 세상이 되면
내 마음 깊은 곳에
새 희망이 피어나지요.

당동 꽃길예찬

싱그런 하늘을 닮으면
내 마음은 맑은 이슬 되어
아침의 안개처럼 빛나지요

호수가의 구름을 닮으면
푸른 색상의 미소가
꽃으로 빛나지요

당동*의 꽃길속에
자연을 닮으면
누구든지 새가되어
날아가지요.

* 당동 : 군포시 군포2동에 위치한 지역이름

도서관

한줌의 바람과 햇살의 뒤척임
학생들의 자잘한 웃음소리

매번 지나가는 사계절
책 읽는 소리가 들릴 때면
햇살은 낮게 웅크리며
새로운 지식 끌어 모으네.

이끼 낀 약수터 주변에
새들은 잔잔한 음성
둥글게 피어있는 풀꽃의 미소
주변 공기가 해맑아서 좋네.

수리산의 일기

나뭇잎이 출렁인다.
반쯤 잠긴 달무늬
개미 하나가 기어나간다.

언덕에 잠겨있는 노을
오래도록 서 있다 보니
저문 하늘을 안고 떠나는 새들
별빛 안에서 산란을 한다.

잣나무 아래
안개의 궤적을 뚫고
지나가는 청솔모

수백 번 부딪치며 견디어 온
나무들은 어두운 전등 안에서
따뜻하게 구워져 녹아내린다.

관모봉 아래서

사방 곳곳에 풋풋한 연초록들
켜켜이 자란 꽃잎사이
꽃향을 우려낸다
비탈진 언덕에
고목의 나무 옹이에는
잠자리 한 마리가 구겨져있다

아물지 않은 몸체에
독거미의 날카로운 이빨
엉거주춤 몸체를 끌어 안아본다
흩어져 있는 영혼의 조각들 앞에
토닥토닥 위로하듯이
고개를 저으며 긴 한숨으로 떨군다.

*관모봉 : 군포시 수리산에 위치한 봉우리 이름

수리산 둘레길

계절마다 펼쳐진 풀잎의 향기들
잎새마다 반들거림의 감촉들
그대 안에서 환하게 펼쳐지면

나무들의 몸통 속에 몰고 온 향기
새 색시의 아름다움처럼
볼테기에 해맑게 피어있는 모습

매번 마르지 않은 포근한 숲
푸른 산소를 내뿜는 둘레길
수리산 영원한 보물이라네.

슬기봉의 그리움

숲사이 곡선은 무지개처럼
벗겨도 여린 속살이다.
푸르름이 밀려오면
보송한 솜털하나 떨군다.

인연으로 이어가는
가는 호흡들
슬기봉* 바위에
걸터앉은 빗방울 하나

슬기봉 껴안으면 그게 바로
역사의 한순간을
핑크빛으로 물들어준 꿈

*슬기봉 : 군포시 수리산에 위치한 봉우리 이름

수리산의 노래

사랑이 초롱초롱 열린 곳
고뇌가 있어도 풀리는 곳
바로 수리산이요.

안개 같은 사랑으로
가슴을 씻어 주는 곳도
바로 수리산이요.

두툼한 햇살을 바라보듯
찾아가면 마음 밝아지는 곳
도립공원 수리산 이네요.

당정역

꽃길 따라서
도란도란 속삭이는 만남
골프장길 따라서 길을 걸어가면
덜컹 덜컹 소리 내며
호젓하게 달리는 긴 행렬
차창가에 낯익은 풍경

흙내음 속에서 나누는 미소
아픈 것들은 잊어버리고
아련히 남은 아름다운 추억만

색칠해둔 벽보판에
내 하얀 꿈을 구워낸 순간
까치 부부의 하루도 행복해 보이네.

*당정역 : 군포시에 위치한 전철역 이름

금정역 버스정류장

버스를 기다리는 사람들
어디로 가실건가요?
스마트폰은
무얼 그렇게 뚫어져라 보시나요.

두툼한 햇살을 가득안고
그냥 가면 될 텐데
소스라치는 세상의 이야기
너무 몰두 하고 있는건 아닌가요?

오늘도 그냥
그리움 하나 버스에 실고서
사방을 비추며 달려가면 될 텐데.

*금정역 : 군포시에 위치한 전철역 이름

철쭉꽃 축제

무더기로 피워
은은한 멋을 자랑한
광활한 자태

마음을 뒤흔드는 음악소리
꽃망울 소리는 톡톡 들리나요.
봄의 교향곡 이어지는 소리

계절의 변화를 극적으로 반전시키는
꽃 축제의 한마당
화려함 속에
귀족의 시간을 즐기는 여유

철쭉 도시

철쭉공원 사이에서
옹기종기 모여
이야기를 나눕니다.
분홍빛 사랑이 머무는 시간
모두가 행복해 합니다.

우리가 서로 사랑하는 동안에
함께 바라보는 자연의 웃음소리들
서로가 사랑하고 이웃하면
한세상을 살다가 가겠지요.

수리산 피톤치드

그리움이 묻어있는 산등성
햇살이 흔들린다

젊은 날 푸르름이 익어
향긋한 내음에서
싱싱한 수액을 내뿜는다.

피스톤치드를 위하여
평생을 받쳐온 나무들

창가에
해맑은 꽃들도 웃음 지으며
내 곁에서 흔들린다.

건너편 숲에는 함초롱빛이
하늘가에 걸려 있다.

태을봉

무더운 바람이 태을봉에 올라와
한바탕 마음을 흔들어 놓고서
소리 없이 내려갑니다.
야생화 향기를 생각하자면
숲들의 고요한 아침도 떠오릅니다.

예전 억새풀 밟으며 걸었던
무덤덤한 산 이었는데
이제는 고단한 생을 씻고서
허리를 감는 길목입니다.

나는 오늘도 산 중턱에 박혀진
추억을 그려봅니다.

*태을봉 : 군포시에 위치한 수리산의 정상 봉우리

수리산 행진곡

수리산을 벗 삼아 떠날렵니다.
푸르름이 초롱초롱 열리는 곳
번뇌하지도 기뻐하지도 않고
그곳에 함께하러 갑니다.
안개 같은 사랑으로
가슴을 씻으며
그 누구를 저주하지도 않고
묵묵하게 걸으며

낮게 웅크린 희망을
사방에 비추며 걸어갑니다.
촉촉해진 나의 마음을
꽃의 언어로 전하고 싶습니다.

수리산 야생화

나무가 자라는 언덕에
죽은 나무는 곰팡이를 키우고
살아있는 나무는
따스한 바람을 데려온다.

계절마다 펼쳐진 푸른지도
산길 마다 환하게 펼쳐지네.

꽃들의 웃음은
새 색시의 아름다움처럼
수리산에 해맑게 피어있네.

수리산 나무와 대화

숲속을 거닐다보면
나무들은 자꾸만 말을 걸고 싶어 한다.
둘레길 을 향하다보면
그들은 자꾸만 연둣빛을 내보이며
그냥 거기 서있으라 한다.

서로가 눈빛이 부딪쳐야
그리운지 안다고 한다.
아무리 산길이 험해져도
가끔씩 자기에게 다가와서
기대고 가라고 한다.

바람이 山門을 닫아도
세월의 하얀 뜨거운 물이 흘러도
숲은 익어가는 사랑을
온몸에 휘어 감고 가라고 한다.

대야미와 속달동

대야미 논밭에
누런빛 과일 익어가는 소리
자연의 섭리에 부름 받아서
생명의 씨앗과 농산물
가을의 풍요 속에
오곡백과 무르익어 내리네.

속달동* 아래
맑게 머금은
햇살사이로
내 마음을 포장하고 나면
수확의 기쁨은
태을봉 위에 올려졌다가
중심상가로 내려앉는다.

*대야미와 속달동 : 군포시에 위한 지명 이름

수암봉의 노래

뒤척이는 새벽 슬기봉을 지나서
외곽도로에 불을 켜고
여명의 불빛으로 달려라.

가까이 보이는 운무자락
무거운 발걸음 총총거리며
달빛으로 달려라

수리산 꼭대기 가다가 허기지면
금강초롱으로 받아논 약수물
휘영청 늘어진 목을 축이고서
6.25의 선열들
내마음속에 담으리라.

*수암봉 : 경기 안산시 상록구 수암동에 위한 산봉우리 이름

수리산 도립공원

도심속 찬연한 아침이면
조각난 햇살이 꽂혀 있네요.
굽이친 능선에는 야생화도 있네요.

산길 넘어서 둘레길은
소인이 선명한 등산객의 발자국
야생화 꽃망울 영롱하게
황금빛 이슬방울로 피어 있네요.

구부러진 숲속의 곡선들
도심 속의 녹색섬 처럼
따스히 품어주며
사랑해 라고 말하고 싶네요.

수리산 가을빛

어둠이 차갑게 내린 코발트 빛 하늘
밤공기를 가르는 하얀 달빛 사이로
보랏빛 이슬이 다가선다.

둘레길 야생화의 꽃망울들
억새꽃 줄기들도 보인다면
솔향기 그윽함도 뿌려질 텐데

귀뚜라미의 슬픈 울음소리
한낮의 추억을 되새기며
낮은 음자리, 높은 음자리

모퉁이를 돌아 나서면
가을의 긴 그림자 밟고서
계절 하나를 또 보낸다.

반월 호수에서

호수 끝자락 붙잡고
늙은 바람을 행군 아침이면
등산객의 발자취가 궁금해
짙게 물들어 버린 단풍잎 수채화

실연기 피어오르는
저수지 위에
산길을 향하다보면
물가에 피레미 끌어 모아
자맥질하는 시간

아직도 나는
수리산의 언덕아래
긴 인연을 붙잡고 있을 테야

* 반월호수 : 경기도 군포시에 위치한 호수 이름

아름다움과 눈 맞추다

인쇄일 | 2016년 5월 7일
발행일 | 2016년 5월 10일

지은이 | 이형철
펴낸곳 | 도서출판 조은
발행인 | 김예인
만든이 | 김화인
편집인 | 김진순
주소 | 서울시 중구 을지로20길 12 대성빌딩 405호
전화 | (02)2273-2408
팩스 | (02)2272-1391
출판등록 | 1995년 7월 5일 등록번호 제2-1999호
ISBN | 978-89-94329-83-3
정가 | 12,000원